SOCIÉTÉ NATIONALE
D'ENCOURAGEMENT AU BIEN

NOTICE BIOGRAPHIQUE

SUR M. LE BARON

LOUIS-CHARLES DE LADOUCETTE

Sénateur, Commandeur de la Légion-d'Honneur, Officier de
l'Instruction publique, Maire du 8e arrondissement de Paris,
Président du Conseil général de la Moselle, Président de la
Société nationale d'Encouragement au Bien, Président d'Honneur
de la Société libre d'Instruction et d'Éducation populaires, etc.

PAR

HONORÉ ARNOUL

Secrétaire-général de la Société nationale d'Encouragement au Bien,
Président de la Société libre d'Instruction et d'Éducation populaires.

———

> Heureux ceux qui laissent après eux
> d'honorables souvenirs et de bons
> exemples; ils peuvent attendre sans
> crainte le réveil de leur âme et le
> jugement de Dieu!
>
> H. A.

PARIS

Bureaux et Secrétariat général, 2, rue Brochant, square des Batignolles.

1871

NOTICE BIOGRAPHIQUE

SUR M. LE BARON

CHARLES DE LADOUCETTE

> Heureux ceux qui laissent après eux d'honorables souvenirs et de bons exemples ; ils peuvent attendre sans crainte le réveil de leur âme et le jugement de Dieu.
>
> H. A.

Pour honorer, glorifier même certaines existences, il suffit de les raconter, de les présenter simplement, telles qu'elles se sont écoulées sur la terre. Leur rayonnement vient d'elles seules ; et tout ce qu'on essaierait d'y ajouter de clartés étrangères serait superflu.

La vie de M. le baron Charles de Ladoucette offre au biographe cette inappréciable fortune, qu'il ne doit se préoccuper d'aucune apologie. L'éloquence des faits sera assez puissante pour émouvoir tous les esprits, toucher tous les cœurs.

Louis-Charles de Ladoucette, naquit à Gap (Hautes-Alpes), le 11 février 1809 (A).

Son père, M. le baron Jean-Charles-François de Ladoucette était, depuis 1802, préfet de ce département, qu'il administrait avec une haute intelligence et la sollicitude la plus éclairée. Nous verrons, plus tard, quel religieux souvenir de cette administration paternelle ont conservé les populations.

Sa mère, Suzanne-Charlotte Gobert, était une de ces femmes qui, vouées au culte du foyer domestique, n'ont qu'un double souci : celui de consacrer leur vie au bonheur des autres, et de la cacher aux regards indiscrets, tant elles sont pénétrées de cette vérité dite au sujet du baron Charles :

« Le bruit ne fait pas de bien, et le bien ne fait pas de bruit. »

Avec de tels auteurs, l'intelligence et la sensibilité de l'enfant ne pouvaient manquer de se développer dans de larges proportions, jusqu'à ce qu'elles aient fait de lui l'homme sérieusement pratique, et l'homme de bien dont nous déplorons aujourd'hui la perte.

Presque aussitôt après la naissance de son fils, le baron François de Ladoucette passa du département des Hautes-Alpes, à celui de la Roër. Ce fut donc à Aix-la-Chapelle, alors chef-lieu de ce département, que le jeune Charles reçut sa première éducation.

En 1815, il accompagna sa famille à Paris. L'abbé Louis, homme recommandable sous tous les rapports, lui fut donné comme précepteur, afin d'établir les éléments d'une solide instruction que son élève acheva, comme externe, au collége Bourbon. Plusieurs succès universitaires obtenus dans cet établissement, et même au grand concours, firent présager ce que serait, plus tard, ce jeune homme déjà sérieux, déjà pénétré des obligations de la vie (B). Déclaré admissible à l'École Polytechnique, en 1830, puis élève de l'École de cavalerie de Saumur, il entra dans l'armée, le 1er octobre 1832, en qualité de sous-lieutenant au 5me régiment de dragons ; fut choisi pour aide-de-camp par le général comte Roguet ; fit la campagne d'Anvers ; et sur le rapport du duc d'Orléans, le Roi, à la fin de la campagne, lui fit remettre un sabre d'honneur. Mais la carrière des armes, avec toutes ses incertitudes, ses dissipations, ne pouvait convenir à cette nature positive et studieuse. Il donna sa démission, en 1837 ; et nous lisons dans la demande adressée à cet effet au général, par le colonel Kœnig (C), que *M. Charles de Ladoucette fut toujours un officier distingué, ayant fait « preuve de zèle et de dévouement depuis qu'il est au corps. »*

L'ex-officier de dragons entra au Conseil d'État, et, dès les premiers pas, se sentant dans sa voie, pouvant s'abandonner entièrement à son goût pour l'étude, il témoigna de ses aptitudes, et fit entrevoir le rang élevé auquel il lui était permis d'aspirer. Il était auditeur de 2e classe, lorsqu'il publia, à Paris, sous ce titre : *Le Conseil d'État en France, de son origine à 1846*, un mémoire qui obtint un légitime retentissement, et valut à son auteur d'être promu à la 1re classe. Peu de temps après, Charles de Ladoucette était nommé maître des requêtes.

Se délassant de ses travaux par d'autres non-moins utiles, le nouveau maître des requêtes occupa ses loisirs à des études sur l'agriculture, dont il appréciait toute l'importance. La Société d'agriculture de France ayant ouvert un concours sur cette question : *De la mise en culture des terres en friche*, ce fut M. Charles de Ladoucette qui remporta le 1er prix, d'une valeur de 2,000 francs. Ce travail lui avait été inspiré à la suite d'un voyage en Normandie, continué dans le Berry et la Sologne, ainsi qu'après plusieurs essais de culture faits par lui-même, dans une propriété de son père, située à Viels-Maisons (Aisne). Dans cet ouvrage qui fut publié à Paris, vers 1840, l'auteur couronné compare les différents modes de culture et de location, propres aux trois provinces que nous venons de nommer, et conclut libéralement en faveur de celui qui tend à associer le fermier au propriétaire.

Mais nous aurons tant à dire sur l'homme privé, qu'en dépit de nous-même, il nous faut passer rapidement en revue sa carrière politique.

En 1848, le baron de Ladoucette fait partie du Conseil général de la Moselle, qu'il préside de 1849 à 1869.

En 1849, il est envoyé à l'Assemblée constituante par ce même département de la Moselle, *berceau de ma famille*, dit-il dans son testament, *et dans lequel mon père et moi avons trouvé, pour notre carrière politique, tant de sympathies et d'affection.*

En 1852, il est nommé sénateur, dès la création du premier Corps de l'Etat, dont il fut, pendant 17 ans, un des membres les plus actifs, les plus utiles et les plus considérés. C'est à son initiative que l'on doit le projet de *Code rural*, si ardemment désiré.

Le 29 juillet 1851, il avait reçu la croix de chevalier de la Légion d'honneur ; il passa officier du même ordre, le 30 juillet 1858 ; et commandeur, le 12 août 1863.

Une distinction, à laquelle le baron de Ladoucette attachait le plus grand prix, et dont il était aussi fier que de sa croix de commandeur, c'était la rosette d'officier de l'Instruction publique, juste récompense de ses nombreux travaux en Economie politique, et de son incessante sollicitude pour tout ce qui se rattache à l'instruction primaire.

Enfin, en 1867, il fut nommé maire du 8e arrondissement de Paris, et n'accepta ces utiles fonctions que par dévouement. Il sut s'y faire aimer autant par la sagesse et la fermeté de son administration, que par la bonté de son cœur et son affabilité.

Vers la fin de 1869, une épidémie cruelle sévissait dans la capitale ; chaque jour la variole frappait de nombreuses victimes. Le huitième arrondissement ne fut pas épargné. Voulant voir tout par lui-même, désirant se rendre compte, dans l'intérêt de ses administrés, des moyens à opposer au redoutable fléau, M. de Ladoucette parcourait souvent les quartiers de sa circonscription, visitant les malades, veillant à ce qu'ils ne manquassent de rien, leur prodiguant, à la fois, ses consolations et ses bienfaits. C'est à ce poste d'honneur qu'il a été atteint lui-même par le mal implacable, qui l'enleva le 12 décembre 1869, après cinq jours de souffrances (D).

Si nous ajoutons qu'il devait, la veille de sa mort, lire au Sénat le rapport relatif à cette demande si essentiellement morale de la suppression des jeux de Monaco, on appréciera, par son dernier travail, aussi bien que par ses derniers actes administratifs, cette existence, marquée par l'accomplissement de toutes les vertus qui font l'honnête homme ; par l'inflexible droiture qui fait le magistrat intègre ; par la sévère observance du devoir, qui fait le bon citoyen.

Telle fut l'existence publique du baron Charles de Ladoucette. Si brièvement que nous ayons dû l'exposer, on a pu voir qu'elle avait été honorablement remplie ; et que la France a perdu en lui un de ses plus dignes enfants.

Avant de le conduire à sa dernière demeure, avant de rendre compte de ses funérailles, nous avons à compléter notre tâche en faisant connaître l'homme privé.

La vie intime est une mystérieuse retraite qui doit demeurer close à tout regard indiscret ; d'où vient que la mort permette de soulever les voiles qui l'ont enveloppée, jusque-là ? D'où vient qu'à l'imitation de ce qui se passait, jadis, sur les bords du Nil, nous soumettions nos plus illustres défunts au jugement de l'opinion publique ? C'est que les générations qui s'éteignent doivent être les éducatrices des générations qui naissent ; c'est qu'en vertu des lois providentielles qui régissent les mondes, rien n'est perdu dans la nature : la substance de la vie est au sein même de la mort, aussi bien au moral qu'au physique ; les grands exemples enfantent les grandes actions ; et, comme on l'a dit : *Les éloges qu'on donne à ceux qui ne sont plus, sont aussi des conseils adressés à ceux qui survivent.*

Il y a, dans la vie privée de l'homme, trois phases bien distinctes et cependant indivisibles, solidaires les unes des autres :

La vie de ses ascendants ;

La sienne propre ;

Celle de ses descendants.

On tient à celle-ci et à la première tout aussi intimement qu'à celle dont on a été l'unique arbitre ; la gloire et les vertus qui ont illustré l'une, se confondent avec les vertus et la gloire des autres, et toutes ensemble, elles font une auréole lumineuse, congéniale, au-dessus de cette institution sainte qui s'appelle la famille !

Voyons donc quels ont été les ascendants de M. le baron Charles de Ladoucette (E).

Au milieu du siècle dernier, après la grande victoire de Fontenoy, on apprit que les Autrichiens avaient passé le Rhin du côté de Spire ; que l'Alsace était entamée ; que les frontières de la Lorraine étaient exposées. Louis XV, avec une ardeur qu'on ne lui soupçonnait pas encore, prit aussitôt ses dispositions pour s'opposer à l'envahissement de la France. Le maréchal de Noailles devait voler au secours de l'Alsace ; le duc d'Harcourt avait mission de garder les gorges de Phalsbourg, et le roi allait se porter en avant, à la tête de vingt-six bataillons et de trente-trois escadrons.

Le rendez-vous général des troupes était à Metz.

On sait quelle grave maladie s'empara de Louis XV, en cette ville. Au bout de six jours, une fièvre maligne le mit à toute extrémité, en dépit des soins que lui prodiguait son chirurgien, Lapéronie.

A cette nouvelle, l'ennemi reprend courage, en même temps que la France se désespère ; car, avec la mort du roi, et malgré tant de succès obtenus, tout peut être remis en question : l'une des plus belles provinces françaises peut être enlevée. Des prières publiques furent ordonnées par tout le royaume. Mais le mal faisait des progrès rapides, et l'évêque de Soissons fut appelé pour administrer les derniers sacrements au royal malade qui allait toujours en s'éteignant.

A cette heure suprême, quand tout était désespéré, quand un crêpe funèbre paraissait devoir s'étendre sur la France entière, une personne de la Cour, M. Leroy-du-Gué, croyons-nous, parla d'un ancien chirurgien-major du régiment d'Alsace, établi à Metz, où il opérait, disait-on, merveilles. Le valet de chambre Lebel le fit venir, l'introduisit auprès du mourant. Le chirurgien examine attentivement le roi, le palpe avec soin ; enfin au milieu des assistants anxieux, haletants, il prononce ces paroles :

« J'espère le sauver. »

Et il le sauva, en effet.

Ce modeste, mais habile praticien, qui venait, du même coup, de sauver et le roi et la France, s'appelait : Jacques-Augustin Ladoucette.

Louis XV ne fut pas ingrat. Il accorda des lettres de noblesse à Ladoucette, et lui concéda des armoiries renfermant pour emblèmes trois feuilles de *doucette*. Puis, par lettres-patentes, en date du 1er mars 1748, contre-signées par Voyer-d'Argenson, il le nomma à la charge de chirurgien-major des ville et citadelle de Metz (F).

Jacques-Augustin de Ladoucette allait commencer une lignée qui, à l'exemple de son aïeul, devait se consacrer au service du pays et contribuer à sa grandeur.

Augustin n'eut qu'un fils, avocat au Parlement de Paris, qui fut enlevé, à 26 ans, à l'amour de sa famille. Mais ce dernier laissait un enfant, né à Nancy, le 4 octobre 1772.

C'était Jean-Charles-François de Ladoucette.

A peine âgé de 18 ans, il faisait son cours de droit à Nancy, quand éclata l'insurrection des troupes contre les décrets de l'Assemblée constituante. Le jeune étudiant, n'écoutant que son patriotisme, endossa l'uniforme de la milice bourgeoise de Metz, et ne le quitta qu'à la fin des troubles.

Quelques années plus tard, alors qu'il étudiait en Suisse la langue allemande, destiné qu'il était à devenir secrétaire d'ambassade, le jeune de Ladoucette s'attira la confiance et l'estime de M. de Barthélemy, ambassadeur français en Suisse, par le tact et la prudence qu'il apporta dans une négociation avec le sénat de Soleure, au sujet d'une réclamation des gardes nationaux de Belfort.

Son intervention fut couronnée d'un tel succès, qu'à dater de ce moment, M. de Barthélemy ne craignit pas de le comprendre dans les missions les plus délicates. »

En 1802, à l'âge de 29 ans, François de Ladoucette est envoyé comme préfet, par le premier Consul, dans les Hautes-Alpes, département déshérité, où tout était à créer ou à refaire. Le nouvel administrateur se montre à la hauteur d'une telle mission par son énergie, son intelligence et son dévouement (G).

Grâce à lui et à ses propres capitaux, qu'il donne sans compter, la route du Mont-Genèvre établit avec le Piémont des communications qui assurent au pays ses approvisionnements. Les voies départementales sont remises en état; des chemins vicinaux sont créés de toutes parts. Bureaux de charité dans les cantons, greniers d'abondance, hospices, service de la salubrité publique, enseignement médical, rien n'échappe à la vigilance du jeune préfet.

La construction de plusieurs ponts, le curage des rivières, l'endiguement de nombreux torrents, le desséchement des marais, la création de canaux et de pépinières dans chaque arrondissement, attestent l'active impulsion que

François de Ladoucette sut donner à l'agriculture, et sa vive sollicitude pour cette partie de son administration. »

Il n'est pas dans le département une création utile, une amélioration importante auxquelles le nom de M. de Ladoucette ne se trouve associé.

Ce fut lui qui fonda, à Embrun, la première maison centrale qui ait existé en France. Enfin, et nous avons gardé ce bienfait pour le dernier, dans notre énumération, parce qu'il est à nos yeux un des plus grands : il travailla puissamment à la régénération intellectuelle de populations incultes et ignorantes. Chaque commune importante est dotée d'une école ; des secours et des encouragements sont distribués aux élèves et aux instituteurs. Le digne administrateur pourvoit à tout, s'occupe de tout, et veille à ce que l'instruction soit solide, morale, religieuse ; à ce que le premier soin des maîtres chargés de la direction de la jeunesse, soit de lui inspirer des sentiments de patriotisme et d'honneur.

Abrégeons : si nous voulions tout dire, nous serions entraîné bien au-delà du cadre imposé à cette notice.

Toujours est-il que François de Ladoucette, honoré par Napoléon Ier du titre de baron, en récompense de ses éminents services, a laissé dans le département des Hautes-Alpes de si glorieux souvenirs, que la population, reconnaissante, lui fit élever une statue, œuvre remarquable de M. Marcellin, et inaugurée à Gap, le 23 septembre 1866, voulant ainsi « acquitter, en ce jour mémorable, une dette sacrée de reconnaissance envers un magistrat dont les préoccupations avaient uniquement pour objet le bien-être physique et matériel de ses administrés, et dont le souvenir ne s'effacera jamais dans ce pays. »

En 1809, après une administration de sept années, le baron de Ladoucette passa du département des Hautes-Alpes à celui de la Roër. C'était là un poste de confiance et des plus difficiles, en raison des événements qui se préparaient.

Il fut à Aix-la-Chapelle ce qu'il avait été à Gap. On ne peut rien dire de mieux à sa louange. Il eut seulement, en plus, l'occasion de prouver son patriotisme par les énergiques dispositions qu'il prit, en 1814, pour arrêter la marche de l'ennemi sur la France.

A la Restauration, il rentra dans la vie privée jusqu'en mars 1815. L'Empereur, qui se souvenait des services rendus par le préfet de la Roër, lui confia celui de la Moselle. Le baron de Ladoucette allait une seconde fois se trouver en présence des armées prussiennes et des Russes, leurs alliés.

Il dut tenir tête à l'orage formidable qui s'amoncelait sur ce côté de la France, et ce ne fut qu'après la nouvelle de la défaite de Waterloo, de cette défaite aussi glorieuse que bien des victoires, que le préfet de la Moselle se retira, vaincu par la fatalité qui avait abattu le souverain qu'il avait si noblement servi jusqu'au dernier jour (H).

De 1815 à 1834, le baron de Ladoucette, absolument étranger à la politique, vécut retiré à la campage, s'occupant de travaux agricoles et de littérature. (I)

En 1834, il fut nommé député de la Moselle, par une imposante majorité. Le député ne le céda en rien à l'administrateur. Travailleur infatigable, ses nombreux rapports, ses judicieuses observations, sa longue expérience, vinrent souvent en aide à ses collègues et répandirent la lumière sur des questions du plus haut intérêt. Qu'il nous suffise de rappeler ici le large tribut qu'il apporta aux grandes discussions sur le régime des forêts, sur le défrichement des biens communaux, et sur l'enseignement secondaire.

Tel fut le père de M. le baron Charles de Ladoucette. Nous avons déjà pu voir qu'en tenant compte des prodigieux évènements politiques auxquels celui-là fut mêlé, et qui ont manqué à celui-ci, le fils avait dignement suivi l'exemple paternel.

La vie publique de Charles de Ladoucette nous est connue,

étudions-le dans sa vie privée. Nous avons dit quelle était son intelligence, disons maintenant ce qu'était son cœur.

Son cœur! la main d'une tendre mère l'avait façonné ; elle y avait développé l'exquise sensibilité dont la nature avait largement pourvu son fils ; elle y avait déposé avec amour les germes de ces vertus dont elle était douée. Aussi, le baron Charles de Ladoucette s'appliqua-t-il toute sa vie à mettre en pratique ce précepte du philosophe de Genève :

Tout homme doit être utile à l'humanité, par cela seul qu'il existe.

Et il y réussit d'autant mieux, qu'il le pratiquait en philosophe chrétien ; doublant chacun de ses bienfaits de la mansuétude et de la modestie prescrites par l'Evangile.

Cette modestie était si grande, chez celui dont nous honorons la mémoire, qu'il semble que ce soit précisément pour lui qu'aient été dites ces paroles :

Que ta main gauche ignore les dons que répand ta main droite.

Aussi nous a-t-il été fort difficile de soulever un coin du voile sous lequel s'est dérobée cette existence toute de charité.

Il en est toujours ainsi, lorsque disparaissent les hommes d'élite qui se sont consacrés au bonheur de leurs semblables. Au premier moment, tous ceux qu'ils ont secourus n'ont de voix que pour exprimer leur douleur ; mais c'est plus tard, que la reconnaissance peut se faire entendre à son tour, et donner, pour la postérité, les plus précieux renseignements.

Parmi les faits que nous avons pu recueillir, prenons-en un au hasard :

Le fils d'anciens serviteurs de la famille de Ladoucette, devenus de chétifs artisans, allait tirer au sort. Il va trouver le sénateur, dans l'espérance que sa protection le sauvera de la conscription. C'était un très-bon sujet, des plus utiles aux siens. Au point de vue humanitaire, il eut peut-être mérité l'exemption qu'il souhaitait ; mais devant la loi, il n'avait aucun cas sérieux d'élimination. M. de Ladoucette ne le lui cacha point.

« Allez néanmoins tirer au sort en paix, ajouta-t-il. Vous êtes un brave garçon, avec l'aide de Dieu, vous aurez un bon numéro. »

Le pauvre solliciteur sortit tout réconforté. Le jour du tirage arrive ; quel désappointement ! il amène le numéro 17.

Il retourne chez M. de Ladoucette qui, à son air, devine tout. Sans lui laisser le temps d'ouvrir la bouche :

— « Le bien profite toujours, dit cet homme généreux ; voici deux mille francs que vous vaut votre piété filiale. Allez ! achetez un remplaçant, et soyez à vous-même votre débiteur pour ce qui vous arrive aujourd'hui. »

Mais si l'on ne peut pénétrer immédiatement dans le mystère des bienfaits quotidiens, il est certaines œuvres particulières qui ne sauraient être dissimulées et qui portent un éclatant témoignage en faveur de ce cœur si noble, si humain.

M. et Mme Charles de Ladoucette ont puissamment développé, par leurs dons incessants, le patronage des jeunes ouvrières de Paris, qui, grâce à eux, compte aujourd'hui, disséminées dans chaque paroisse de la capitale, dix mille jeunes filles confiées à la direction des sœurs de Saint-Vincent-de-Paule.

Ils ont fondé pour leurs protégées, une maison de convalescence, à Drancy, près de Paris. Les prussiens l'ont saccagée en 1870, ainsi que le château. Mais Mme la baronne de Ladoucette la fait réédifier.

Par son testament, qui est à la fois un modèle de simplicité et de grandeur, le baron Charles, lègue à l'académie de Metz diverses propriétés qu'il possède dans cette ville, et dont le revenu sera employé à fonder des prix de vertu, qui seront décernés, chaque année, à des habitants du département de la Moselle, ainsi que le fait pour toute la France la

Société nationale d'encouragement au Bien, dont il était le Président.

Il lègue, en plus, à ce même département, la propriété de 92 hectares, 74 ares, 56 centiares de bois taillis et futaie pour que les revenus servent à exonérer du service militaire, en le rachetant, le cultivateur qui aura obtenu le premier prix de labourage dans le concours régional de la contrée à laquelle le département de la Moselle est annexé.

Une somme de quarante mille francs devra être repartie par le Conseil général de la Moselle, entre les petits hospices ruraux, appelés maisons de charité.

Une autre somme de quarante mille francs est destinée à l'entretien et au développement du dépôt de mendicité et hospice de vieillards, établi à Gorze.

A la commune d'Audun-le-Roman, son *bien-aimé chef-lieu de canton*, il lègue trente mille francs pour la fondation d'une école de jeunes filles, dirigée par des sœurs de Saint-Vincent-de-Paule ou filles de la Charité, qui tiendront aussi une salle d'asile et soigneront les malades.

Quelle suite donnera-t-on à ces fondations pieuses, aujourd'hui que la Prusse s'est emparée de la majeure partie de cette belle province et que les conditions imposées par le testateur ne peuvent être toutes remplies?

Le département des Hautes-Alpes a aussi sa part de ces libéralités.

Il lui est légué une somme de cent mille francs dont les revenus seront distribués aux habitants des communes pauvres de ce département, dans les circonstances qui s'y présentent trop fréquemment, d'incendies généraux ou d'inondations.

Enfin, cet homme de bien a laissé des sommes considérables en legs particuliers, destinés à diverses personnes ou des établissements charitables, pour qui il n'a pas voulu que sa mort prématurée fût une double calamité.

Combien sont étranges les desseins de la Providence !

M. le baron de Ladoucette s'était imposé la douce et noble tâche de consoler toutes les douleurs qui lui étaient connues, d'essuyer toutes les larmes qu'il voyait répandre ; et cependant, les larmes les plus cuisantes coulèrent de ses yeux, son cœur fut brisé par la plus mortelle douleur.

Il n'avait d'autre enfant qu'une fille; objet de sa plus tendre affection. Par ses vertus, par le charme de sa personne et de son caractère, elle était digne d'inspirer un immense amour parternel, car elle y répondait par un immense amour filial.

Mlle Berthe de Ladoucette avait épousé, à 19 ans, M. le comte Robert de Mun, petit-fils de l'illustre Helvétius, et neveu de Mlle de la Ferronnays, auteur du *Récit d'une sœur*.

Un an après ce mariage, le 28 février 1865, date fatale qui n'a jamais cessé de peser sur le cœur du pauvre père, Mme la comtesse de Mun, à peine dans sa vingtième année, rendait son âme à Dieu.

Il est de ces déchirements qui sont tellement sacrés, qu'on craint de les profaner en essayant de les dépeindre. Nous ne saurions dire quelle fut la douleur de M. le baron de Ladoucette ; nos expressions si vives, si saisissantes qu'elles fussent, ne pourraient que l'amoindrir.

Mais, celui qui écrit ces lignes a pu voir en un jour de brisement moral, ce père éploré laissant couler ses larmes devant lui ; il a pu entendre les sanglots s'échappant de sa poitrine déchirée ; et ce souvenir de la douleur la plus profonde qui puisse secouer un homme, ce souvenir ne le quittera jamais. (J).

M. le baron de Ladoucette fit inhumer sa fille à Drancy, séjour qu'il aimait à habiter. Un tombeau magnifique, confié à l'habile ciseau de M. Peltre, sculpteur messin, fut élevé pour y recevoir la dépouille mortelle de cette enfant adorée.

Les sœurs de Saint-Vincent-de-Paule, directrices de la maison de convalescence dont nous avons parlé, eurent la sainte mission d'être les gardiennes de cette chère tombe, et de venir chaque jour, y prier pour celle qu'elle renferme.

Parmi les œuvres nombreuses que M. le baron de Ladoucette avait prises sous son patronage, il en est une qui mérite une mention toute spéciale. Nous voulons parler de la *Société nationale d'encouragement au Bien*. Elle était l'œuvre de prédilection du sénateur qui, aux premiers jours de sa fondation, en avait accepté la présidence qu'il conserva pendant huit ans, et que la mort seule pouvait lui enlever.

Comme il l'aimait, *sa chère Société*, ainsi qu'il se plaisait à l'appeler ; comme il était heureux et fier de ses succès, auxquels il contribuait pour une si large part ! Sa sollicitude et son zèle n'ont jamais su ce qu'était une défaillance. Il comprenait si bien que cette institution, à laquelle il consacrait une partie de son existence, devait exercer une influence salutaire sur le bien-être moral et matériel du peuple ! C'en était assez pour lui. Son noble cœur battait pour l'amélioration du sort des pauvres et des déshérités de ce monde, comme il battait pour son Dieu, et pour son pays.

La *Société d'encouragement au Bien* gardera pieusement dans sa profonde gratitude, le souvenir de M. le baron Charles de Ladoucette, son regretté président.

Une œuvre nouvelle venait de se fonder sous les auspices de la Société que nous venons de nommer :

La Société libre pour le développement de l'instruction et de l'éducation populaires. Le titre indique suffisamment le but généreux qu'elle poursuit : *instruire le peuple et le moraliser*.

Telle était aussi la pensée la plus intime du baron Charles de Ladoucette, dont les aspirations le désignaient au choix des membres de la Société nouvelle. A la première réunion du Conseil supérieur d'administration, il était acclamé, à l'unanimité, président honoraire. Hélas ! presqu'à cette heure qui lui apportait un nouveau témoignage de la respectueuse confiance qu'il inspirait, l'homme de bien, le protecteur de toutes les idées grandes et généreuses, le bienfaiteur des malheureux, expirait victime de son dévouement à la cause de l'humanité souffrante...

Autant qu'il nous a été possible, nous avons reculé le moment où nous aurions à parler de la douloureuse séparation. Il nous semblait qu'en nous entretenant de lui, nous le possédions encore, et nous nous complaisions dans cette illusion consolante. Mais l'heure est venue ; la terre s'ouvre pour recevoir sa dépouille, et les cieux, pour recevoir son âme.

Le jeudi, 16 décembre 1869, la population du 8ᵉ arrondissement encombrait la grande rue de Chaillot et toutes les rues avoisinantes. Le cortége funèbre s'avançait vers l'église Saint-Pierre, accompagné par toutes les illustrations de la France, qui se trouvaient alors dans la capitale. Mais faut-il l'avouer, pendant cette triste cérémonie, ce qui nous a le plus frappé, le plus ému, ce n'étaient ni la pompe, ni les habits brodés, ni les grands noms qui frappaient nos regards, mais bien plutôt les malheureux dont nous voyions couler les larmes !

Après la cérémonie religieuse, les restes mortels furent transportés à Viels-Maisons, dans l'Aisne, où un nouveau service funèbre eut lieu le vendredi 17.

Toute la population du bourg et des villages voisins s'était rendue à l'église qu'elle enveloppait d'une immense ceinture vivante, témoignant par son attitude silencieuse et recueillie de la sympathie respectueuse dont elle entourait l'honorable et regretté sénateur.

Après l'évangile, M. l'abbé Tounissoux, curé de Drancy,

prié par la famille d'accompagner le corps du défunt à sa dernière demeure, monta en chaire, et prononça l'allocution suivante, écoutée avec une indicible émotion par l'assistance.

MESSIEURS,

La paroisse de Drancy ayant le malheur de perdre, en la personne de M. le baron Charles de Ladoucette, le président de son conseil de fabrique, et un de ses habitants les plus édifiants, qu'il soit permis au pasteur de cette paroisse, de rendre à la mémoire de l'illustre défunt l'hommage d'un regret spécial, et cela, principalement, pour que les précieux exemples qu'il nous laisse, servent à augmenter notre amour et notre desir du bien.

M. de Ladoucette était né à Gap (Hautes-Alpes), le 11 février 1809. Après avoir été élevé à l'école spéciale de Saumur, et, plus tard, officier de cavalerie, il entra au Conseil d'État, en 1837, en qualité d'auditeur. Il était devenu maître des requêtes, lorsque la révolution de février le priva de sa position.

Ce qui prouve, quoi qu'on en dise, que les populations laborieuses des campagnes savent, au besoin, non-seulement se montrer reconnaissantes envers les hommes publics qui les ont servies généreusement, mais encore discerner les vrais mérites, c'est qu'en 1849, tous les électeurs du département de la Moselle ayant été appelés à élire neuf représentants pour leur confier la défense de leurs intérêts, M. le baron de Ladoucette sortit le second de l'urne électorale.

Des mérites et des services exceptionnels ne pouvaient manquer d'attirer l'attention sur M. de Ladoucette. Il fut appelé à faire partie du premier corps politique de l'État, en 1852.

Je ne veux point m'arrêter à un fait qui n'a pu échapper à personne, pas même à ceux qui n'ont qu'une idée fort incomplète des événements publics, savoir que M. le baron de Ladoucette n'a pas cessé, un seul instant, de se constituer le défenseur zèlé des grandes causes de l'ordre social et moral. Ce que je tiens à déclarer, c'est que non-seulement M. de Ladoucette s'est montré constamment dévoué aux intérêts de la France, mais qu'il a su, qualité beaucoup plus rare encore que la première, qu'il a su discerner et patronner d'une manière efficace, les vrais éléments de la prospérité nationale. C'est ainsi qu'il est toujours resté le protecteur constant et puissant des intérêts agricoles, alors même que l'agriculture, comme science et comme art, était reléguée presque au dernier rang, alors que la profession de cultivateur n'était réputée bonne que pour ceux qui étaient censés incapables d'exercer toute autre profession. C'est M. de Ladoucette qui a fait adopter à l'assemblée législative la loi du 20 mars 1851, organisant une représentation favorable à l'agriculture. C'est encore sur la proposition de M. de Ladoucette, que le Sénat a élaboré, pendant quatre sessions successives, le rapport qui a servi de base au projet du code rural. M. de Ladoucette n'avait-il pas mille fois raison de s'attacher particulièrement au progrès agricole, puisque l'agriculture a été en tout temps, et restera toujours la source la plus féconde de notre prospérité nationale ? C'est là un fait établi par la nature du sol et du climat qui caractérisent notre pays. M. de Ladoucette avait des motifs tout aussi fondés pour revendiquer la plus haute considération en faveur de la profession de cultivateur, profession non-seulement des plus utiles à la richesse générale, mais des plus favorables à ceux qui l'exercent pour la conservation de la véritable indépendance, pour la dignité de sentiments et la moralité des actes.

Le langage tenu par M. de Ladoucette à une réunion intime, dont j'avais l'honneur de faire partie, prouve qu'il ajoutait la plus grande importance à l'exercice d'une indépendance légitime dans les appréciations. « Nulle influence au monde, « disait-il, ne parviendrait à m'arracher un vote non con- « forme à mes convictions. » Le ton accentué avec lequel ces paroles furent prononcées suffirait à lui seul pour marquer tout ce qu'il y avait de ferme dans sa résolution.

Ajoutons que M. de Ladoucette était naturellement enclin

à faire bon accueil aux aspirations libérales, surtout quand ces aspirations avaient pour but de favoriser le bien-être des classes laborieuses. M'étant cru obligé, il y a six mois, de l'entretenir des sentiments de gratitude qu'avait excités en moi *la Société nationale d'encouragement au Bien* en décernant une médaille de première classe à l'auteur du livre *Le bien-être de l'ouvrier*, M. le baron me répondit : « C'est nous
« qui devons vous remercier du concours que vous avez cru
« devoir prêter à la plus juste des causes. Autant est blâma-
« mable le citoyen qui ose usurper le beau titre *d'ouvrier*,
« tout en s'en montrant indigne par son apathie ou son incon-
« duite, autant est digne d'éloge et d'encouragement le véri-
« table *ouvrier*, c'est-à-dire celui qui étant laborieux, ne
« demande qu'au travail intellectuel ou manuel les améliora-
« tions qu'il désire apporter à sa position. Nous avons été,
« tous, heureux de rendre hommage aux sentiments libéraux
« et dévoués avec lesquels vous plaidez la grande cause des
« simples travailleurs. »

Aussi, ce matin même, en prenant connaissance des lettres nombreuses adressées à la famille du défunt par diverses notabilités de Paris et de la province, en lisant la lettre du président du Sénat déclarant que les regrets seraient unanimes, je me disais à moi-même. « Ce n'est pas seulement
« dans les notabilités que la perte est grande et bien sentie ;
« il en est de même dans les classes laborieuses. » Hier, en effet, le service religieux était à peine terminé à l'Église de Chaillot, que de nombreux ouvriers accourus des divers quartiers environnants se sont fait un devoir de venir serrer la main de M. le baron Eugène de Ladoucette, frère du défunt, en lui disant « Celui que vous pleurez, nous le pleurons aussi,
« car si vous perdez un frère bien-aimé, nous perdons un
« défenseur dévoué, un véritable ami. »

Quiconque a vu de près M. le baron de Ladoucette n'a pu s'empêcher de reconnaître ce qu'il y avait de droit dans ses appréciations, de généreux dans ses sentiments, de délicat dans ses procédés, d'agréable et de doux dans ses rapports.

Rester digne et juste, n'était pas suffisant à ses yeux.

Eprouvant ce feu sacré qui porte les cœurs généreux à se dévouer pour leurs semblables, il regardait le bien comme incomplet tant que sa bienfaisante influence ne s'étendait pas encore jusqu'à ceux qui l'entouraient.

Les misères morales lui paraissaient être les plus graves. Il les regardait, avec raison, comme la source des souffrances physiques ; il s'appliquait, d'une manière toute particulière, à les combattre et à les détruire par tous les moyens en son pouvoir, et surtout par le bon exemple. M. de Ladoucette ne comprenait pas qu'un bourgeois qui regarde telles publications ou tel divertissement comme dangereux et préjudiciable pour les classes laborieuses, commençât lui-même par les encourager et les faciliter, en y prenant part tout le premier.

Si M. de Ladoucette donnait sa première préoccupation aux misères morales, il ne croyait pas devoir rester indifférent en présence des misères matérielles. Fort sensible à tout ce qui a rapport à la détresse, il n'aurait jamais eu la force de refuser le secours nécessaire au vrai malheureux pour le consoler. Aussi, à Drancy et ailleurs, les pauvres déclarent-ils avoir perdu un véritable ange consolateur ! Cette propension vers la bienfaisance, il l'a consacrée solennellement par l'acte authentique de ses dernières volonté. Sa fortune, quoique considérable, a été consacrée en grande partie à des œuvres et à des institutions utiles.

On peut dire de M. le baron de Ladoucette qu'il était *homme de bien*, dans toute l'acception du mot. Car, selon l'expression d'un publiciste, « si le bruit ne fait pas le bien, le bien ne veut pas le bruit. »

Voilà pourquoi, Messieurs, toutes les fois que je porte ma pensée sur les honorables fondateurs de *la Société nationale d'encouragement au Bien*, je sens le besoin de leur savoir bon gré de deux déterminations : 1° d'avoir compris l'utilité d'une œuvre qui aurait pour but de propager le bien en mettant en relief les actes les plus louables, les plus héroïques, ceux qui étaient destinés à rester le plus ignorés d'après l'intention de leur auteurs ; 2° de s'être adressé à un véritable *homme de bien* pour présider la *Société d'encouragement au Bien.*

Le feu sacré du dévouement semble être héréditaire dans la famille. Le grand-père de M. Charles de Ladoucette ayant rendu à Louis XV un service de la plus haute importance, et ce souverain lui ayant demandé ce qu'il devait faire pour le récompenser dignement : « Sire, lui répondit M. le docteur « de Ladoucette, je n'ai rien à vous demander pour moi ; que « votre générosité veuille bien s'exercer de préférence sur les « besoins de mon pays. »

· Quant au père de M. de Ladoucette, son abnégation dans le dévouement a été telle que, cinquante ans après son administration, les populations du département des Hautes-Alpes ont tenu à transmettre leurs sentiments de reconnaissance et d'admiration aux générations futures, par un fait solennel, par l'érection d'une statue.

En dehors des monuments que forme le bronze, il en est d'autres non moins précieux ; ce sont ceux qui s'érigent naturellement dans les cœurs bien nés, par l'amour et la reconnaissance. Eh bien, Messieurs, vous avez déjà élevé un monument de cette nature en faveur de M. Charles de Ladoucette. Je l'ai compris à votre empressement à venir ici ; je le comprends à l'attitude triste et recueillie qui vous caractérise tous en ce moment.

Je viens de dire, Messieurs, que le dévouement semblait être traditionnel dans la famille. Tout nous fait croire, en effet, que ce feu sacré ne s'y éteindra pas de longtemps. Les motifs de ma confiance et de mes espérances, il me serait facile de les exposer ; mais, avant tout, je tiens à respecter ce qu'il y a de délicat dans la modestie de quelques-uns de ceux qui m'entendent. Du reste, ces motifs ne sont-ils pas suffisamment connus de vous, habitants de Viels-Maisons ?

Pourquoi le cœur de M. le baron de Ladoucette était-il si fécond en sentiments nobles et généreux ? Parce qu'il était sincèrement chrétien. Non-seulement M. de Ladoucette édifiait par la régularité de son assistance aux offices publics, et remplissait avec amour les grands devoirs annuels du chrétien ; mais il s'intéressait vivement à ce qui lui paraissait favorable à la prospérité de l'Église. C'est ainsi qu'il faisait des vœux ardents pour les catholiques dévoués qui s'efforcent de maintenir l'harmonie qui existe logiquement entre la foi et la raison, entre l'Église et les conquêtes de 89, je veux parler des droits naturels de la liberté, que la civilisation a fait proclamer dans l'ordre politique, pour les mieux sauvegarder.

Autant il regrettait les fausses prétentions des catholiques outrés, qui font consister le mérite et le zèle dans des affirmations exagérées et trop absolues en fait d'opinions libres, autant il déplorait l'égarement de ceux qui affectent de mépriser les secours et les consolations de la religion, surtout à leur dernière heure. Leur conduite, disait-il, est plus qu'une témérité, c'est un aveuglement inconcevable.

Aussi, dès qu'il eût reconnu que son existence était compromise par la maladie dont il était affecté, sa première préoccupation fut d'appeler un prêtre, de réclamer les derniers sacrements. Ce n'est qu'après avoir tout accompli sur ce point, qu'il a consenti à s'occuper de choses temporelles.

Voulons-nous, Messieurs, ne rendre aucun de ces beaux exemples infructueux ? Appliquons-nous à nous maintenir, par le cœur et par l'esprit, toujours dignes, par nos pensées et par nos actes. Loin de voir d'un œil méfiant et jaloux la prospérité de nos voisins, soyons bons et doux pour nos concitoyens de toute condition, soyons heureux de leur être utiles toutes les fois que nous le pouvons, comme aussi, restons toujours fidèles au service de notre Créateur qui est aussi notre juge et notre père. C'est le moyen naturel d'obtenir les satisfactions du devoir accompli, de conserver la considération de nos semblables, et, ce qui est mieux encore, de posséder un jour les récompenses éternelles. Telle est la grâce que je vous souhaite.

Au champ du repos, M. de Mongis, conseiller à la Cour Impériale de Paris; vice-président de la *Société nationale d'encouragement au Bien,* prononça l'éloge du défunt. Nous ne pouvons mieux faire que de reproduire, dans son entier, ce discours si remarquable, par l'élégante simplicité du style non moins que par l'élévation des pensées, et qui fut dit avec une émotion des plus communicatives.

MESSIEURS,

Après les nobles et touchantes paroles qui viennent de se faire entendre du haut de la Chaire de Vérité, toute autre voix peut-être devrait se taire : mais, nous aussi, nous avons une sainte dette à payer, une pieuse mission à remplir sur cette tombe encore ouverte ; et vous tous qui avez tant aimé celui qu'elle renferme, vous ne vous plaindrez pas de ce double hommage rendu à ses vertus.

Voilà donc, Messieurs, ce qui nous reste de l'homme éminent qui fut hier encore Charles, baron de Ladoucette, Sénateur, commandeur de la Légion d'honneur, depuis quinze ans président d'une grande Assemblée, économiste distingué, savant agronome, ferme et fidèle serviteur de notre cause ; voilà ce qui nous reste de celui qui comprit si bien les devoirs et les droits de la famille, qui fut un ami si dévoué, qui offrît un appui à tant de faiblesses, un soulagement à tant d'infortunes. Le voilà, suivant l'expression de Bossuet, tel que la mort nous l'a fait. Un coin de terre glacée suffit à couvrir sa froide dépouille, deux pas suffisent à mesurer la place occupée par celui qui naguère possédait de vastes domaines... Redoutable et sublime enseignement de la mort ! Qu'ils s'approchent, ceux que l'on forme à envier et à maudire ! Qu'ils contemplent ce que dure ces grandeurs dont ils sont si jaloux ! Qu'ils se consolent de ces légitimes inégalités de la vie devant cette inévitable égalité de la mort... Ou plutôt qu'ils méditent ! Qu'ils apprennent à repousser le fiel et le venin que leur versent chaque jour ceux qui se disent les amis du peuple et qui ne sont que ses corrupteurs ! Qu'ils admirent et ne haïssent plus ! Qu'ils bénissent au lieu de mandire ! Car, ces richesses, ce haut rang, ces honneurs, ils sont le trésor acquis à trois générations par la constante pratique du travail et de la vertu. C'est une lice ouverte à tous ; tous, pour grandir à votre tour, vous n'avez qu'à marcher dans la voie qu'ils vous ont tracée.

Et vous, qu'une douleur trop accablante retient aujourd'hui loin de cette tombe sur laquelle vous viendrez pleurer si souvent, vous, la noble compagne de sa vie, la digne émule de ses vertus, la sainte complice des bienfaits qu'il répandait dans l'ombre ; vous, le digne frère de l'illustre mort, qui portiez si bien avec lui le fardeau d'un nom justement honoré et qui transmettrez intact à votre fils ce dépôt sacré d'honneur et de sagesse qui sont une tradition dans votre race ; vous tous enfin que les liens du sang unissent à celui que nous pleurons... Regardez ! Et que la douleur de tous serve d'adoucissement à votre douleur. Voyez, aussi loin que la vue peut s'étendre, tous ces fronts découverts, ces mains jointes, ces genoux ployés, cette foule, où se confondent, dans un seul sentiment de religieuse tristesse, les hauts dignitaires de l'État, les vieux serviteurs de la famille et ces fortes populations des campagnes accourues de loin pour saluer d'un suprème adieu l'homme de bien qu'elles appelaient leur père !... Ah ! tous ces cœurs, brisés comme les vôtres, ne sont-ils pas à vous comme ils étaient à lui ? N'ont-ils pas acquis le droit de se dire un peu de la famille, ceux-là qu'il honorait de son amitié, ceux-là qu'il éclairait de ses conseils, ceux-là surtout dont il aimait tant à soulager la souffrance ?

Pour justifier un si grand deuil, il suffirait de raconter une si belle vie. Cette tâche vient d'être dignement remplie ; tout à l'heure on vous a fait juger l'homme par ses actes, permettez-nous de le révéler aussi par ses paroles.

Naguère, en sortant d'une assemblée solennelle où un orateur avait glorifié l'ordre et la liberté, Charles de Ladoucette nous disait : « *Comme les Sociétés industrielles,* « *les Sociétés humaines ne vivent que du contingent fourni* « *par chacun de ses membres : cet apport, c'est une partie de* « *notre liberté ; si l'apport diminue, la Société languit ; s'il* « *disparaît, elle succombe ; réclamer la liberté illimitée, c'est* « *vouloir, par la démence, ramener l'homme à la barbarie.* » Dans les séances publiques de notre Société d'encouragement,

qu'il présidait avec amour, il aimait à redire : « *La charité*
« *est cette vertu qui résume toutes les autres (1)... Dans*
« *l'Arène antique, on applaudissait à la férocité des lions,*
« *au gladiateur tombant avec grâce ; dans celle de notre*
« *temps, on applaudit aux actes généreux et l'on décerne des*
« *palmes à la vertu (2). La vraie vertu est modeste ; elle met*
« *son honneur à se cacher ; nous devons mettre le nôtre à la*
« *découvrir (3).* » Un jour quelqu'un s'écriait devant lui :
Il n'y a plus de Riches aujourd'hui « *C'est vrai, interrompit-*
« *il vivement, il y a tant de misères à secourir !* »

Puis il rougit ; il avait, sans le vouloir, livré le secret de
son inépuisable bienfaisance. Ce secret, demandez-le d'ailleurs
aux chaumières de nos campagnes, aux mansardes de la
grande ville : demandez-le à la maison de convalescence de
Drancy, à toutes les Sociétés de secours et de moralisation
dont Paris abonde ; demandez-le à trois départements, qui,
de père en fils, ont vu à l'œuvre cette généreuse famille ; par-
tout la reconnaissance trahira le secret de sa modestie, par-
tout le bienfait vous dénoncera le bienfaiteur.

Et ce bienfaiteur survit à lui-même. Dimanche, 12 décembre 1869, à 5 heures du soir, il rendait sa belle âme à Dieu :
le lendemain avec la nouvelle écrite de sa mort, nous rece-
vions une circulaire signée de lui, dans laquelle, parlant encore au nom des pauvres, il sollicitait, en leur faveur, les
pieuses offrandes de ses administrés. Il ne s'en est pas tenu
là, et, au moment de fermer les yeux, il léguait *à son autre*
famille (comme il appelait les pauvres), la moitié de sa fortune.

Ah ! je ne sais, Messieurs, si la reconnaissance publique
élèvera à sa mémoire une statue de marbre, comme elle l'a
fait en l'honneur de son père ; mais, tous déjà, nous en avons
dressé une dans notre cœur à celui que nous pleurons. Son

(1) Séance du 29 juin 1865.
(2) Séance du 1ᵉʳ juin 1868.
(3) Séance du 21 juin 1866.

image y restera à jamais gravée, comme le souvenir d'une vie toute d'honneur, de sagesse et de bonté.

Il faudrait m'arrêter-là, Messieurs, mais soit que nous cherchions je ne sais quel pieux prétexte pour retarder l'adieu suprême et l'éternelle séparation ; soit qu'un mot encore réclame ici justement sa place, ce mot, Messieurs, je vous demande la permission de le dire.

A Dieu ne plaise que sur une tombe, que sur celle de Ladoucette surtout, nous laissions échapper une parole empreinte d'amertume et de passion ! Mais qui de vous n'a déjà fait dans son esprit et dans son cœur un rapprochement entre cette mort et une autre qui l'a précédée de quelques mois à peine ?...

Près de Ladoucette, dans la même enceinte, siégeait un homme, investi d'une haute dignité, doué d'un talent d'écrivain remarquable (1)... Il meurt, mais en mourant *(témérité suprême) !* (2) Il se proclame athée, il ordonne que son corps soit transporté dans sa dernière demeure sans s'arrêter dans la maison de Dieu ; il renie l'âme, méconnaissant ainsi, en lui-même, cette haute intelligence dont l'avait doué le divin Créateur, et la foule qui accompagne sa froide dépouille, se sépare après avoir écrit sur sa tombe ce seul mot : *Néant !* Mais quelle terrible responsabilité pour ceux qui proclament l'irresponsabilité humaine ! Quels ravages ils causent dans les esprits faibles et dans les convictions chancelantes ! Quel aliment aux plus détestables appétits ! Quel encouragement à tous les excès ! Quelle excuse pour tous les crimes !

Parents, amis, chrétiens, rapprochez cette fin lamentable de cette fin exemplaire ! Ici et là, quel contraste ! Quel abîme ! Quelle mort et quel mort ! (3)

Ici c'est Dieu visitant le mourant dans sa terrestre demeure avant de l'approcher dans les sphères divines. Ici, pour ceux

(1) M. Sainte-Beuve.
(2) M. Rouher, président du Sénat.
(3) Bossuet.

qui survivent, de célestes espérances adoucissent des angoisses mortelles ! Ici la clarté des cierges, symbole de vraie lumière, éclairant les ombres de la mort ; l'encens fumant sur les autels et dont les nuages semblent emporter une âme pure aux pieds de son juge miséricordieux : les accords religieux de l'orgue mêlés aux soupirs de la foule recueillie ; ici les chants et les prières ; ici ces paroles de l'Évangile que nous écoutions tout à l'heure : *Et si mortuus, vivit et non morietur in æternum*, il vit quoique mort et il vivra dans l'Éternité. Et sur cette tombe, ces mots que semble graver une main invisible : *Foi, Espérance, Charité !*

Donc, vous tous qui entourez cette sainte sépulture, ne séchez pas vos larmes, mais, au lieu de baisser vos yeux sur la terre, pour y chercher encore celui qui n'est plus, levez-les vers le Ciel où il a reçu déjà la récompense de ses vertus. Sa voix vous crie d'en haut : « *Rappelez-vous ma vie pour l'imiter, rappelez-vous ma mort pour la bénir.* »

Tout, dans cette cérémonie funèbre, devait témoigner de la façon la plus expressive que les mérites et les services du baron Charles de Ladoucette lui avaient valu de vives et universelles sympathies dans tous les rangs de la Société.

Les municipalités de Metz, de Gap, d'Embrun et de Briançon tiennent à honneur de rendre un dernier hommage à la mémoire de leur bienfaiteur ; et décident qu'un service religieux sera célébré, dans chacune de ces villes, avec toute la pompe et la solennité possibles.

L'académie impériale de Metz prend la résolution, en témoignage de sa reconnaissance, de placer dans la salle de ses séances, le buste de M. le baron Charles de Ladoucette.

Par sa délibération, en date du 31 janvier 1870, le Conseil municipal de Metz, arrête que les rues du Plat-d'Étain et de la Fontaine Saint-Jacques, porteront désormais, le nom de *rue de Ladoucette*.

Le 26 février suivant, un rapport de M. le ministre de

l'intérieur propose l'approbation de cet arrêté, à l'Empereur ; et le décret impérial est rendu le même jour.

Enfin, de tous côtés, signées des noms les plus illustres, les plus haut placés, des lettres de condoléances, conçues dans des termes aussi honorables pour le défunt que flatteurs pour sa famille, sont adressées à M. le baron Eugène de Ladoucette, frère du sénateur, et membre du Corps législatif, pour le département des Ardennes.

Le nom que nous venons de tracer nous rappelle qu'il nous reste à remplir une dernière obligation. Nous avons dit que, pour être complète, la biographie d'un homme devait s'occuper à la fois, de ses ascendants, de lui-même, et de ses descendants ou successeurs.

Nous avons satisfait aux deux premières conditions, du mieux qu'il nous a été possible, écrivant en quelque sorte sorte sous la dictée de notre cœur ému. Nous avons maintenant, à parler des survivants, de ceux qui sont appelés à perpétuer, dans l'avenir, cette gloire familiale si profondément gravée dans les annales du passé ; et qui doivent prouver que chez les Ladoucette aussi bien que chez les plus vieilles familles de France : *Bon sang ne peut mentir !*

Arrivé à cette dernière partie de notre travail, nous nous arrêtons inquiet, hésitant ; non, certes, que les éléments ne nous fassent défaut ; mais une crainte respectueuse nous retient ; nous comprenons avec quelle réserve, quelle déférence il nous faut toucher un pareil sujet. Nous ne devons point heurter des modesties honorables, de légitimes susceptibilités ; nous ne devons point, surtout, froisser par des éloges, si mérités qu'ils soient, ces cœurs en deuil, encore tout gonflés de larmes, et qui nous blâmeraient avec juste raison de faire servir de piedestal à leur glorification, la tombe sacrée qui vient à peine de se refermer.

Nous serons bref ; c'est la manière la plus convenable d'honorer, ceux dont nous avons à parler.

Madame Emilie Thibault, veuve baronne Charles de Ladoucette, s'est, du vivant de son mari, associée à la plupart de ses pieuses fondations ; c'est un gage pour l'avenir, et les pauvres qu'ils secouraient ensemble peuvent être assurés qu'ils n'ont pas tout perdu.

M. le baron Eugène de Ladoucette, frère du sénateur, a été, nous l'avons dit, membre du Corps législatif, président du Conseil général du département des Ardennes, officier de la Légion d'honneur. Son esprit droit, ferme et conciliant, ses travaux dans les diverses commissions et comme rapporteur, ont fait apprécier, à la Chambre, la sage direction qu'il donnait à ceux de son Conseil général, et témoignent de son patriotisme éclairé, de son dévouement absolu aux intérêts de son pays. Des bienfaits discrètement dissimulés, témoignent de l'homme de bien.

Il est d'ailleurs parfaitement secondé dans ses bonnes œuvres par Mme la baronne Eugène de Ladoucette.

De leur mariage sont nés deux enfants. Une fille, pieusement dévouée comme sa mère ; un fils, Étienne de Ladoucette, âgé de 27 ans, auditeur au conseil d'État, sur qui reposent, aujourd'hui, l'espoir de la famille et le soin de continuer sa réputation (1).

Mlle Eugène de Ladoucette a épousé M. le comte Fernand de la Rochethulon, capitaine au 1er régiment de hussards.

Tels sont les membres composant la famille de celui dont nous avons voulu retracer les vertus et honorer la mémoire. En les nommant ainsi, un à un, nous avons dû être sobres d'éloges. On sait quel motif respectueux nous a imposé ce silence. Mais qu'il nous soit permis de dire, en terminant, que de tels

---

(1) Étienne de Ladoucette, officier d'état-major, pendant le siége de Paris, vient de recevoir la Croix de la Légion-d'honneur, pour sa brillante conduite dans diverses rencontres.

hommes sont un honneur pour le pays, une consolation pour l'humanité. Le bien qu'ils font en passant sur la terre n'est que l'intelligente préface d'une histoire qui s'inscrit dans le ciel, et un enseignement pour la génération qui suit !

NOTES.

(A) Le jeune Charles de Ladoucette, né le 11 février 1809, à Gap, ne fut baptisé qu'au mois d'août 1810, à Aix-la-Chapelle, où son père avait été nommé préfet.

Il eut pour parrain le comte de Saint-Leu, frère de l'empereur Napoléon I⁁ᵉʳ, roi de Hollande.

ACTE DE NAISSANCE DE M. LE BARON CHARLES DE LADOUCETTE.

Du 11 février 1809, acte de naissance de Charles Ladoucette, fils de Jean-Charles-François Ladoucette, préfet des Hautes-Alpes, membre de la Légion-d'Honneur, chevalier de l'Empire, et de dame Suzanne-Charlotte Gobert.

En marge est écrit :

En exécution du jugement du tribunal civil de Gap, du 21 décembre 1810, l'acte de naissance a été rectifié, et les prénoms sont Louis-Charles.

(B) M. de Ladoucette, après de brillantes études, obtint le diplôme de bachelier ès-lettres, le 13 août 1825, c'est-à-dire à l'âge de 16 ans.

Bachelier en droit le 11 août 1835, licencié en droit le 19 juillet 1836.

Sous-lieutenant au 5ᵉ Dragons, aide-de-camp du général comte Roguet, le 1ᵉʳ octobre 1832. — Armée du Nord. — Campagne de Belgique, de novembre 1832 à janvier 1833.

Démissionnaire le 7 juin 1837.

On remarquera que M. de Ladoucette n'étudia le droit qu'après sa campagne de Belgique, alors qu'il eût pris la résolution de quitter l'armée, pour entrer dans la carrière administrative.

Auditeur au conseil d'État, en 1838. Maître des requêtes, en 1846. Conseiller général de la Moselle, de 1848 à 1869. Président de cette assemblée départementale, de 1849 à 1869. Député à la Constituante, en 1849. Sénateur en 1851 (à l'origine). Chevalier de la Légion-d'Honneur, le 29 juillet 1851. Officier de la Légion-d'Honneur, le 30 juillet 1858. Commandeur, le 12 août 1863. Maire du 8e arrondissement de Paris, en 1867. Officier de l'instruction publique, le 14 août 1867.

Le titre de baron lui est conféré par décret impérial du 17 mars 1866. Le titre héréditaire concédé au père, le baron François-Charles de Ladoucette, appartient à M. Eugène de Ladoucette, l'aîné de la famille, député des Ardennes.

(C) Voici la lettre par laquelle M. le colonel Kœnig annonçait à M. le général de Blanquefort, à Beauvais, la démission de M. Charles de Ladoucette.

Compiègne, 19 mai 1839.

Mon général,

J'ai l'honneur de vous adresser une demande faite par M. Charles de Ladoucette, sous-lieutenant au régiment que je commande, à l'effet d'obtenir l'approbation de sa démission.

M. de Ladoucette est un officier distingué, il a toujours fait preuve de zèle et de dévouement depuis qu'il est au corps ; il y est entré à une époque (1831) où l'on pensait généralement que la guerre aurait lieu, et qu'il pourrait payer sa part de la dette que chaque français doit acquitter envers le pays ; mais aujourd'hui qu'il croit que la paix est assise pour longtemps, il renonce à suivre notre carrière qui n'a jamais été fort en rapport avec ses goûts et ses études antérieures ; désirant prendre une autre direction, il me demande de lui faire obtenir de M. le ministre de la guerre l'acceptation de sa démission. J'appuie donc, quoiqu'à regret, auprès de vous, la demande de M. de Ladoucette, en vous priant, mon général, d'en presser l'expédition, attendu que cet officier étant en congé de convalescence, jusqu'à la fin du mois, voudrait ne pas avoir à faire un double déplacement.

Agréez, je vous prie, mon général, l'expression de mes sentiments très-respectueux.

Le colonel du 5e régiment de dragons,
KOENIG.

(D) Le mardi 7 décembre, il fit plusieurs visites aux malades. Dans la soirée il fut pris de frisson et de fièvre, de violents maux de tête et de gorge. Les symptômes les plus alarmants ne tardèrent pas à se déclarer, et malgré les soins des plus habiles médecins, le mal fit des progrès si rapides, qu'on perdit tout espoir de le conserver. Le dimanche, au soir, il reçut les secours de la religion , vit sans effroi arriver le moment suprême, compléta à la hâte quelques dispositions testamentaires, et s'éteignit dans toute la lucidité de son intelligence, avec le calme et la résignation du chrétien et de l'homme de bien.

(E) La famille de Ladoucette est originaire de la Moselle.

Le trisaïeul du sénateur était médecin à Gorze, en 1660.

Le bisaïeul, Jacques-Augustin, ennobli par Louis XV, médecin de la ville et citadelle de Metz, né en 1705, mourut à Metz, le 24 mars 1790, à l'âge de 85 ans.

L'aïeul, François de Ladoucette, avocat au parlement de Paris, mourut le 28 novembre 1789, à peine âgé de 26 ans.

Le baron de Ladoucette, fils du précédent, et père du sénateur, né en 1772, ancien préfet, mourut député de la Moselle, en mars 1848, à l'âge de 77 ans.

Sa femme, Mme la baronne Suzanne de Ladoucette, née Gobert, mourut à 82 ans, en 1860.

De ce mariage naquirent :

1° Alphonse de Ladoucette, mort en 1801, à l'âge de 15 mois ;

2° Pauline de Ladoucette, mariée au lieutenant-général comte Roguet, sénateur, morte à 54 ans, en 1856 ;

3° le baron Eugène, né en 1807, officier de la Légion-d'Honneur, député des Ardennes, président du conseil général de ce département depuis 1852;

4° Le baron Charles, sénateur, né en 1809 ;

5° Amélie de Ladoucette, mariée au vicomte de Plancy, député de l'Oise, morte à 48 ans, le 13 octobre 1861, sans enfants.

La comtesse Roguet a eu un fils, mort député de la Gironde, en avril 1859, à l'âge de 27 ans.

M. le baron Charles de Ladoucette, sénateur, marié, en 1842, à Mlle Émilie Thibault, baronne de Ladoucette, fille unique de M. Thibault, ancien notaire à Paris, administrateur au Crédit foncier de France, n'a eu qu'une fille, la comtesse Berthe de Mun, décédée à l'âge de 20 ans, le 28 février 1865, sans enfants.

M. le baron Eugène de Ladoucette, député des Ardennes, marié à Mlle Julie Arnoult, baronne de Ladoucette, a eu deux enfants.

La comtesse Fernand de la Rochetulon, âgée de 28 ans.

Et Etienne de Ladoucette, auditeur au conseil d'état, âgé de 27 ans.

(F) Voici le texte même du brevet de chirurgien-major des ville et citadelle de Metz, accordé par le Roi à M. de Ladoucette, arrière-grand-père du sénateur :

Aujourd'hui, premier du mois de Mars 1748, le Roi étant à Versailles, désirant remplir la charge de Chirurgien-Major des ville et citadelle de Metz, vacante par le décès du sieur Laurent Midart, qui en était pourvu, et étant informé de la capacité, expérience, au fait de la chirurgie, du sieur Jacques-Augustin Ladoucette, chirurgien établi dans ladite ville, ainsi que de son zèle, fidélité et dévouement à son service, Sa Majesté a retenu, ordonné et établi ledit sieur Jacques-Augustin Ladoucette, en ladite charge de Chirurgien-Major des ville et citadelle de Metz, vacante comme il est, pour, par lui, en jouir et user aux honneurs, autorités, prérogatives, privilèges, droits, fruits, profits, revenus et émoluments qui y appartiennent, tous semblables qu'en a joui ou dû jouir ledit Laurent Midart, et aux appointements qui lui seront ordonnés par les Etats de Sa Majesté, laquelle mande et ordonne au gouverneur ou commandant pour elle à Metz de faire reconnaître ledit sieur Jacques-Augustin Ladoucette, en ladite qualité de Chirurgien-Major, de tous ceux et ainsi qu'il appartiendra, en Vertu du présent brevet qu'elle a signé de sa main et fait contre-signer par moi, son Conseiller-Secrétaire d'Etat, et de ses commandements et finances.

Signé : LOUIS.

et plus bas : M. P. VOYER-D'ARGENSON.

Nous, Charles-Louis-Auguste Foucquet, Duc de Belleisle, Prince du Saint Empire, Maréchal de France, Chevalier des Ordres du Roi et de la Toison d'Or, Gouverneur de ville et citadelle de Metz, des pays Messins et Verdunois, Lieutenant-Général des duchés de Lorraine et de Bar, Commandant en chef dans les trois évêchés de Metz, Toul et Verdun, province de la Sarre, frontières du Duché de Luxembourg, et Général de l'armée de Sa Majesté sur la Frontière des Alpes.

Sur la nomination que nous avons faite du sieur Jacques-Augustin Ladoucette, Sa Majesté, ayant bien voulu lui accorder le Brevet ci-dessus de Chirurgien-Major des ville et citadelle de Metz : Enjoignons audit sieur Ladoucette de faire les fonctions de ladite charge de Chirurgien-Major, avec l'attention et l'exactitude requises.

Fait à Paris, en notre Hôtel, le huit Mars, mil sept cent-quarante huit. Signé :

Le Maréchal Duc de Belleisle
Par Monseigneur,
PATIOT.

Régistré sur les Régistres de l'Hôtel-de-Ville de Metz, par le Secrétaire soussigné ce-jourd'hui 9 Avril 1748.

Signé :
COULLEZ.

(G) Le département des Hautes-Alpes est situé dans un pays montagneux, encore privé de chemins de fer, et où, pendant certaines époques de l'année, les communications sont fort difficiles. Placé au milieu d'un rude climat, dans des conditions matérielles que la sollicitude du gouvernement, des conseils généraux et de l'administration sont impuissants à modifier.

(H) En 1867, M. le baron de Ladoucette fut invité par le ministre de l'Instruction publique, à présider la distribution des prix du lycée de Metz. Dans l'allocution qu'il prononça, M. de Ladoucette rappella cette anecdote qui a échappé jusqu'ici aux biographes de son père et qui nous a paru bonne à reproduire.

« C'était sous le premier Empire, en 1815. Mon père, alors préfet de la Moselle, se rendait au lycée, faisait rassembler au son du tambour, selon l'usage, à cette époque, les jeunes gens qui s'y trouvaient. Ce n'était pas pour présider pacifiquement une distribution de prix. L'ennemi avait envahi la France, il était aux portes de Metz. Il fallait couvrir la ville, l'empêcher de tomber entre les mains de l'ennemi, et de perdre sa réputation jusques-là sans tache. L'armée était occupée au dehors. Les invalides, les anciens soldats, les gendarmes, les gardes-champêtres avaient été convoqués de tous les points du département; ils ne suffisaient pas pour la défense de la ville. « Mes jeunes amis, leur dit le Préfet, vos pères sont à la frontière, autour de l'Empereur, et il ne sera pas donné à nous tous, qui restons ici, de voir la ville de Metz pour la première fois prise par l'ennemi. Je viens vous proposer de vous rendre sur les remparts, et de vous mettre en ce moment solennel à la disposition du général chargé de la défense. Vous m'y trouverez, et Dieu protégera nos efforts, en conservant à la France, la ville confiée au patriotisme de tous ses bons citoyens. » Cet appel fut entendu. Les élèves se rendirent sur les remparts, comme le firent à la même époque les élèves de l'école polytechnique, à Paris, et Metz fut sauvé ! »

(I) M. de Ladoucette est auteur de nombreux ouvrages qui attestent la variété de ses connaissances et la certitude de son jugement — agriculture, histoire — archéologie, morale, toutes ces questions lui étaient familières, et il les a traitées avec beaucoup de succès. — Nous devons aux soins pieux du baron Eugène de Ladoucette, une troisième édition d'un volume de fables écrites par son père, pour l'éducation de la jeunesse. (Vouziers. Frédéric Defrêne 1868).

(J) C'était un an après la mort de sa fille bien aimée, M. de Ladoucette m'avait invité à dîner avec lui à Drancy. — Je le trouvai au jardin dans un petit kiosque près de la chapelle du château. Il avait la tête appuyée sur ses mains et lisait une brochure. Il m'aperçut, se leva, me tendit la main, et sans rien dire me montra ce qu'il lisait. C'était la brochure que je lui avais adressée l'année précédente. Elle était ouverte à cet endroit :

A M. le baron de Ladoucette sur la mort de sa fille.

> Celle que vous pleurez, durant son court voyage
> Sur ce globe fatal où l'on gémit toujours,
> Heureuse dans vos bras ne vit pas un nuage
> Voiler les doux rayons du soleil de ses jours.
> Regrettez-la longtemps, cette ange bien aimée ;
> Mais en la regrettant bénissez le Seigneur ;
> Car de tant de revers l'existence est semée,
> Que mourir avant l'âge est souvent un bonheur.

Le visage du pauvre père était baigné de larmes.

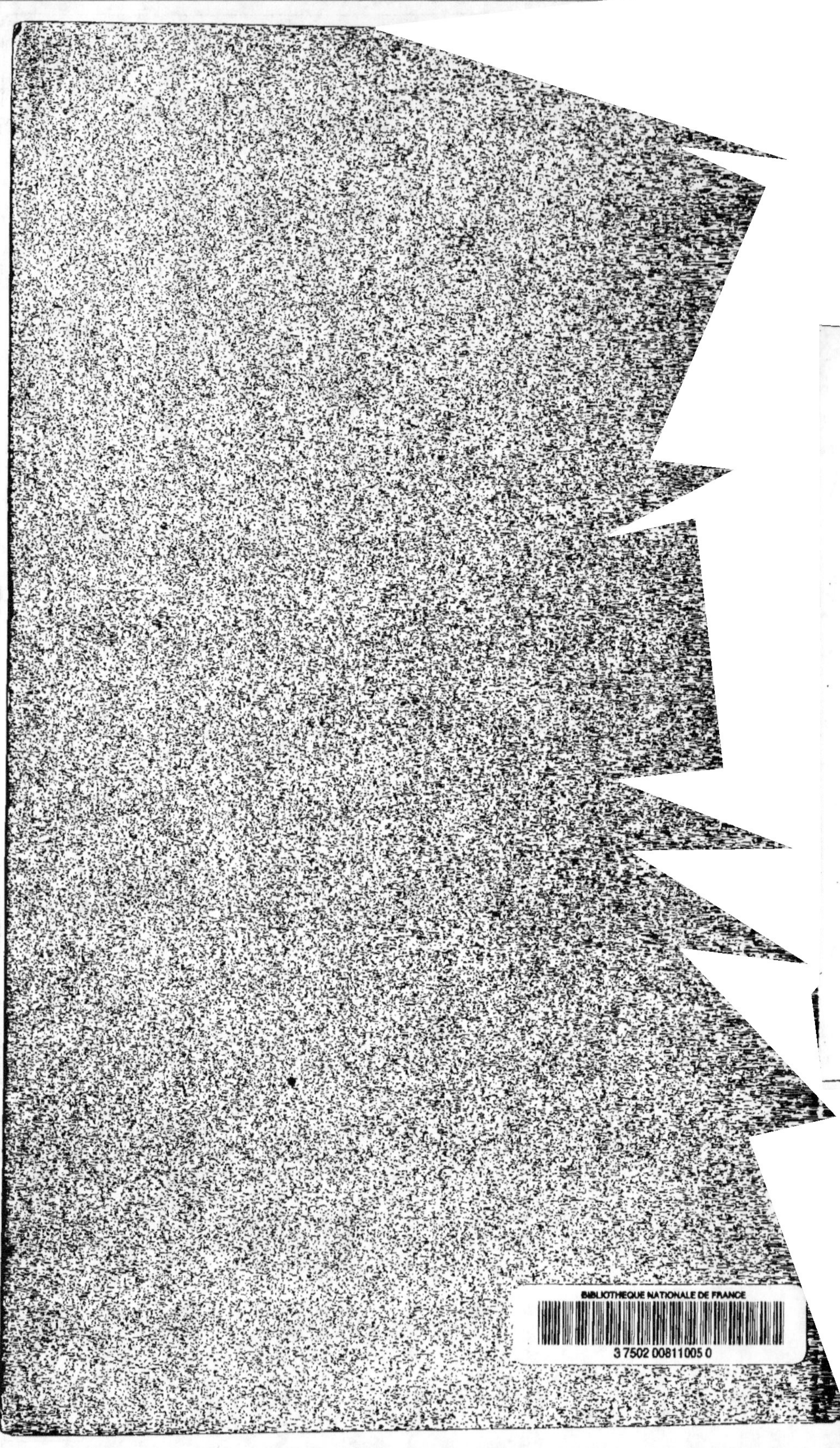

www.ingramcontent.com/pod-product-compliance
Lightning Source LLC
Chambersburg PA
CBHW061334060726
47596CB00003B/1249